Pe. HÉLCIO VICENTE TESTA, C.Ss.R.

Novena das Mães

EDITORA
SANTUÁRIO

Direção Editorial: Pe. Flávio Cavalca de Castro, C.Ss.R.
Pe. Carlos Eduardo Catalfo, C.Ss.R.
Coordenação Editorial: Elizabeth dos Santos Reis
Copidesque: Leila C. Diniz Fernandes
Coordenação de Revisão: Maria Isabel de Araújo
Revisão: Ana Lúcia de Castro Leite
Diagramação: Marcelo Antonio Sanna
Capa: Marco Antônio Santos Reis

Ilustrações

Capa: *Mãe do Bom Conselho* de P. Sarullo
p. 3: Rafael
p. 7: Sogliani
p. 8: Perugino
p. 15: Fra Angelico
p. 16: Nossa Senhora do Perpétuo Socorro
p. 23: Pinturicchio
p. 24: Sassoferrato

ISBN 85-7200-691-5
1ª impressão, 2000

20ª impressão

Todos os direitos reservados à EDITORA SANTUÁRIO – 2019

Rua Pe. Claro Monteiro, 342 – 12570-000 – Aparecida-SP
Tel: 12 3104-2000 – Televendas: 0800 - 16 00 04
www.editorasantuario.com.br
vendas@editorasantuario.com.br

Roteiro para
todos os dias da novena

1. Oração inicial

Em nome do Pai, do Filho e do Espírito Santo. Amém!

Mãe de Deus e nossa, a vossa maternidade e as alegrias e sofrimentos que tivestes com vosso Filho Jesus, nosso Senhor e Redentor, auxiliam a vossa compreensão ao meu pedido de mãe.

Assim como a vós foi confiada a maternidade de Jesus, ajudai-me a conseguir as graças necessárias para a felicidade daquele (a) que Deus me confiou e contai comigo para a sua educação e formação.

Que o vosso amor de mãe compreenda a minha prece e com as vossas mãos leve a vosso Filho Jesus o meu pedido de graça... (citar a graça desejada).

Pela vossa divina maternidade: Ave, Maria...
Pelos vossos sofrimentos de mãe: Ave, Maria...
Pelas vossas alegrias de mãe: Ave, Maria...

2. Consagração

Ó Senhora minha, ó Mãe amável, consagro a vossa proteção aquele(a) que confiastes a minha guarda, tomai-o sobre vosso manto, cuidai e protegei.

Consagro seus passos para que busque o caminho da verdade, da justiça e do amor.

Consagro sua vontade para que esteja sempre voltado para o bem.

Consagro seu entendimento para que busque as coisas de Deus.

Consagro sua boca para o louvor do vosso Filho Jesus e sua vida para que tenha muita saúde do corpo e da alma.

Ó boa mãe de Deus e nossa, aceitai a meu filho(a) como consagrado ao vosso amor e a vossa maternal proteção. Amém.

3. Oração final

Quero reafirmar a minha confiança em vós, ó Maria Santíssima, mãe amorosa, que as preces desta sua filha sejam por vós ouvidas e que possam alcançar a graça que de vós espero em favor de meu filho(a). Estejam sempre comigo o amor de Deus Pai que nos criou, de Jesus vosso Filho que nos salvou e do Espírito Santo que nos dá força na caminhada. Que a Santíssima Trindade, da qual sois a eleita, ouça o meu clamor de mãe através da vossa intercessão. Ó advogada minha, sede sempre o refúgio e proteção de meu filho(a). Amém.

Pela vossa intercessão de mãe venha sobre mim e sobre minha família a bênção de Deus: Pai, Filho e Espírito Santo. Amém.

Rogai por nós Santa Mãe de Deus, para que sejamos dignos das promessas de Cristo.

1º Dia
Mãe do Bom Conselho

1. Oração inicial (p. 4)

Ave, Maria, Mãe do Bom Conselho, o Senhor é convosco e bendito é o fruto do vosso ventre Jesus.

Senhora do Bom Conselho, ajudai-me a ter palavras sábias para aconselhar meu filho(a) nos momentos que for preciso. Vós, que soubestes dirigir os passos do menino Jesus e que fostes a sua conselheira na infância, fazei que eu seja inspirada por vossa maternidade para conseguir guiar os passos de meu filho(a) na busca das coisas de Deus.

2. Palavra de Deus: Lc 2,46-48

Aconteceu que três dias depois o encontraram no templo, no meio dos doutores, ouvindo-os e interrogando-os. Todos os que o ouviam, estavam maravilhados da sua sabedoria e das suas respostas. Sua Mãe disse-lhe: "Filho, por que procedeste assim conosco? Eis que teu pai e eu te procurávamos cheios de aflição".

3. Rezando com a Palavra de Deus

Minha Senhora, mãe de Deus e nossa, quantas vezes temos de ir ao encontro de nossos filhos que se perdem pelo mundo. Assim como vós fostes ao encontro do menino Jesus que havia-se perdido, assim como encontrastes palavras para demonstrar a vossa preocupação, dai-me a força necessária para poder dizer a meu filho(a) o quanto me preocupo com ele e o quanto quero que ele encontre o caminho do bem, da verdade e do amor.

Que os vossos bons conselhos a Jesus sejam levados em conta e que eu consiga para meu filho(a) a graça...

Santa Maria, Mãe do Bom Conselho, rogai por nós, pecadores, agora e na hora de nossa morte. Amém.

4. Consagração (p. 5)

5. Oração final (p. 5)

2º Dia
Mãe da Divina Graça

1. Oração inicial (p. 4)

Ave, Maria, Mãe da Divina Graça, o Senhor é convosco, bendita sois vós entre as mulheres e bendito é o fruto do vosso ventre Jesus.

Rainha do céu, vós que gerastes o Filho de Deus em vosso ventre, olhai para mim que venho pedir-vos por meu filho(a). Sei que os deveres de mãe não são fáceis, assim como vós também o sabeis. Temos a responsabilidade de dar a vida e conduzir o fruto de nosso ventre pela vida, mas vós também sabeis que quando eles crescem sentem-se livres e já não levam mais em conta as nossas palavras.

2. Palavra de Deus: Lc 1,30-31

O anjo disse-lhe: "Não temas, Maria, pois achaste graça diante de Deus. Eis que conceberás no teu ventre e darás à luz um filho, a quem porás o nome de Jesus".

3. Rezando com a Palavra de Deus

Senhora minha, com vossa divina maternidade, trouxestes para o mundo a luz que nunca se apaga, vosso Filho Jesus. Hoje venho pedir a luz para iluminar os caminhos do meu filho(a). Iluminai as suas decisões, iluminai a sua vida. Que minhas orações alcancem as graças necessárias para que aquele(a) que gerei em meu ventre e que dei à luz seja feliz, e perceba o meu amor e o amor de Deus a lhe proteger e guiar.

Sempre Virgem Maria, vós que sois agraciada por Deus, possais interceder para que eu consiga alcançar para meu filho(a) a graça que vos peço...

Santa Maria, Mãe da Divina Graça, rogai por nós, pecadores, agora e na hora da nossa morte. Amém.

4. Consagração (p. 5)

5. Oração final (p. 5)

3° Dia
Mãe do Perpétuo Socorro

1. Oração inicial (p. 4)

Ave, Maria, Mãe do Perpétuo Socorro, o Senhor é convosco e bendito é o fruto do vosso ventre Jesus.

Socorrei-me, ó Maria, quantas vezes fostes ao encontro das pessoas necessitadas de vossa ajuda, quantas vezes socorrestes vosso Filho Jesus em sua infância. Eu também quero ser presença de socorro, amparo, auxílio a meu filho(a), e por isso quero contar com vossa maternal ajuda.

2. Palavra de Deus: Lc 1,39-41

Naqueles dias, levantou-se Maria e foi com pressa às montanhas para uma cidade de Judá. Entrou em casa de Zacarias e saudou Isabel. Aconteceu que, mal Isabel ouviu a saudação de Maria, o menino saltou no seu ventre e Isabel ficou cheia do Espírito Santo.

3. Rezando com a Palavra de Deus

Santa Virgem Maria, indo ao encontro de vossa prima Isabel, estivestes presente com vossa mão amorosa no auxílio a uma mãe que precisava de amparo.

Hoje eu me coloco no lugar de Santa Isabel e quero sentir a vossa presença a me visitar, a me auxiliar nas minhas necessidades maternas.

Socorrei-me para que eu seja forte nos momentos de dor, para que eu também seja socorro a meu filho(a), quando de mim precisar.

Pelos méritos de vossa maternidade, ajudai-me a alcançar para meu filho(a) a graça...

Santa Maria, Mãe do Perpétuo Socorro, rogai por nós, pecadores, agora e na hora da nossa morte. Amém.

4. Consagração (p. 5)

5. Oração final (p. 5)

4° Dia
Consoladora dos Aflitos

1. Oração inicial (p. 4)

Ave, Maria, Consoladora dos Aflitos, o Senhor é convosco e bendito é o fruto do vosso ventre Jesus.

Mãezinha do céu, vosso olhar sempre esteve voltado para aqueles que estão aflitos. Olhai com amor especial para aquelas que como vós se afligem com a formação e a educação de seus filhos(as).

2. Palavra de Deus: Lc 1,46a.51-53a

Então Maria disse: "Ele realiza proezas com seu braço, dispersa os soberbos de coração, derruba do trono os poderosos e eleva os humildes, aos famintos ele enche de bens".

3. Rezando com a Palavra de Deus

Virgem Maria, os aflitos estão espalhados pelo mundo e são humilhados e massacrados. Muitas mães se afligem por verem aqueles que geraram serem humilhados pela falta de emprego, de educação e de saúde. Como mãe aflita eu vos peço: voltai vosso olhar de mãe a todas nós, ajudai-nos em nossa humildade assim como o bom Deus olhou para vós, que sois sua serva.

Pela vossa bem-aventurança, concedei a meu filho(a) a graça...

Santa Maria, Consoladora dos Aflitos, rogai por nós, pecadores, agora e na hora da nossa morte. Amém.

4. Consagração (p. 5)

5. Oração final (p. 5)

5º Dia
Mãe e Refúgio dos Pecadores

1. Oração inicial (p. 4)

Ave, Maria, Refúgio dos Pecadores, o Senhor é convosco e bendito é o fruto do vosso ventre Jesus.

Santíssima Mãe, o pecado é o vosso martírio. Como vós se angustiais com os erros cometidos por vossos filhos, eu também me angustio ao ver meu filho(a) no pecado e no erro.

2. Palavra de Deus: Lc 2,6-7

Enquanto estavam em Belém, completaram-se os dias para o parto, e Maria deu à luz o seu filho primogênito. Ela o enfaixou e o colocou na manjedoura, pois não havia lugar para eles dentro da casa.

3. Rezando com a Palavra de Deus

Ó Imaculada Conceição, sois pura e sem mancha do pecado, porém o erro existe e leva os vossos filhos a permanecerem no erro, provocando a desunião, as brigas e a discórdia. O pecado faz com que ainda hoje não haja lugar para vós dentro dos lares. Quantas famílias têm em seu meio a intolerância entre seus membros e a divisão entre aqueles que deveriam amar-se. As mães rezam para que os pecados que destroem as famílias sejam banidos do mundo.

Pela vossa pureza, dai a meu filho(a) a graça...

Santa Maria, Refúgio dos Pecadores, rogai por nós, pecadores, agora e na hora da nossa morte. Amém.

4. Consagração (p. 5)

5. Oração final (p. 5)

6º Dia

Mãe e Templo
do Espírito Santo

1. Oração inicial (p. 4)

Ave, Maria, Templo do Espírito Santo, o Senhor é convosco e bendito é o fruto de vosso ventre Jesus.

Senhora agraciada, o Espírito Santo se fez pleno em vosso seio. Queremos alcançar também esta plenitude dos dons em nossa vida de mães, para poder melhor ajudar a nossos e a vossos filhos.

2. Palavra de Deus: Lc 1,34-35

Maria perguntou ao anjo: "Como vai acontecer isso se não vivo com nenhum homem?" O anjo respondeu: "O Espírito Santo virá sobre você e a força do Altíssimo a cobrirá com sua sombra. Por isso, o Santo que vai nascer de você será chamado Filho de Deus".

3. Rezando com a Palavra de Deus

Puríssima Virgem, com o vosso sim fizestes cumprir os planos de salvação de nosso Deus. A plenitude do amor se fez presente em vós, o Novo Templo de onde partem vossa graça, todo bem e toda bênção. Sede, ó mãe amada, a fonte dos dons necessários para mim que busco cumprir minha vocação de mãe, de presença de Deus para meu filho(a).

Pelos vossos dons, consegui junto a Deus para meu filho(a) a graça...

Santa Maria, Templo do Espírito Santo, rogai por nós, pecadores, agora e na hora da nossa morte. Amém.

4. Consagração (p. 5)

5. Oração final (p. 5)

7° Dia

Mãe das Dores

1. Oração inicial (p. 4)

Ave, Maria, Mãe das Dores, o Senhor é convosco e bendito é o fruto do vosso ventre Jesus.

Mãe amável, quantas dores vós sentistes ao ver o que fizeram com vosso Filho Jesus. Hoje sou eu quem sinto as dores ao perceber que meu filho está sofrendo.

2. Palavra de Deus: Lc 2,34-35

Simeão os abençoou e disse a Maria, mãe do menino: "Eis que este menino vai ser causa de queda e elevação de muitos em Israel. Ele será um sinal de contradição. Quanto a você, uma espada há de atravessar-lhe a alma. Assim serão revelados os pensamentos de muitos corações".

3. Rezando com a Palavra de Deus

Soberana Senhora, as espadas de dor que foram cravadas em vosso coração são as mesmas espadas de dor que todas as mães sentem hoje ao verem seus filhos morrendo por causa dos vícios, da fome e das doenças. Eu também tenho as dores e os sofrimentos de ser mãe, por isso peço por meu filho(a), para que meu sofrimento seja levado em conta por vós que sentistes as dores da paixão de vosso Filho e nosso Senhor Jesus Cristo.

Pelas dores que suportastes, ajudai-me a alcançar para meu filho(a) a graça...

Santa Maria, Mãe das Dores, rogai por nós, pecadores, agora e na hora da nossa morte. Amém.

4. Consagração (p. 5)

5. Oração final (p. 5)

8° Dia

Mãe e Saúde dos Enfermos

1. Oração inicial (p. 4)

Ave, Maria, Saúde dos Enfermos, o Senhor é convosco e bendito é o fruto do vosso ventre Jesus.

Santa Virgem, vós que cuidastes de vosso Filho e velastes nos momentos em que ele mais precisava de vós, vede como nós mães nos preocupamos com o bem-estar de nossos filhos, principalmente quando a doença assola os nossos lares.

2. Palavra de Deus: Lc 2,51-52

Jesus desceu então com seus pais para Nazaré, e permaneceu obediente a eles. E sua mãe conservava no coração todas essas coisas. E Jesus crescia em sabedoria, em estatura e em graça, diante de Deus e dos homens.

3. Rezando com a Palavra de Deus

Maria de Nazaré, vosso Filho Jesus crescia em sabedoria e em estatura, prova de vosso zeloso cuidado com aquele que se tornaria a fonte de saúde para tantos enfermos. A saúde do corpo é uma bênção, pois nos ajuda a ter forças para conquistar o sustento e lutar para que todos tenham vida em abundância.

Inúmeras mães velam por seus filhos nos leitos de hospitais, ou sofrem por não terem condição de cuidar melhor da saúde de seus filhos. Sede para todas nós, mães, força no momento em que precisamos cuidar de nossos filhos enfermos.

Pela vossa maternal atenção, fazei com que alcance para meu filho(a) a graça...

Santa Maria, Saúde dos Enfermos, rogai por nós, pecadores, agora e na hora da nossa morte. Amém.

4. Consagração (p. 5)

5. Oração final (p. 5)

9° Dia
Mãe e Rainha da Paz

1. Oração inicial (p. 4)

Ave, Maria, Rainha da Paz, o Senhor é convosco e bendito é o fruto do vosso ventre Jesus.

Rainha dos anjos, vós que fostes aclamada rainha do céu e da terra, ouvi as preces das mães que sofrem com as guerras e com a violência, que sonham com um mundo de justiça e fraternidade para seus filhos.

2. Palavra de Deus: Jo 2,3-5

Faltou vinho e a mãe de Jesus disse-lhe: "Eles não têm mais vinho!" Jesus respondeu: "Mulher, que existe entre nós? Minha hora ainda não chegou". A mãe de Jesus disse aos que estavam servindo: "Façam o que ele mandar".

3. Rezando com a Palavra de Deus

Virgem poderosa, vós que nos indicastes o caminho para alcançar a paz para o mundo, para que haja a verdadeira justiça, auxiliai-nos a também percebermos as necessidades daqueles que precisam de nós para sermos fontes de indicação do único caminho de salvação, que é fazer o que vosso Filho e nosso Senhor nos mandou. Queremos estar no mundo a serviço do Evangelho.

Como mães sabemos as necessidades de nossos filhos e, como vós conduzistes Jesus, conduzi-nos também para termos sabedoria e prudência para conduzir nossos filhos no caminho da paz.

Pela vossa clemência de mãe, alcançai para meu filho (a) a graça...

Santa Maria, Rainha da Paz, rogai por nós, pecadores, agora e na hora da nossa morte. Amém.

4. Consagração (p. 5)

5. Oração final (p. 5)

Índice

Roteiro para todos os dias da novena 4

1º Dia - Mãe do Bom Conselho 9

2º Dia - Mãe da Divina Graça 11

3º Dia - Mãe do Perpétuo Socorro 13

4º Dia - Consoladora dos Aflitos 17

5º Dia - Mãe e Refúgio dos Pecadores 19

6º Dia - Mãe e Templo do Espírito Santo 21

7º Dia - Mãe das Dores 25

8º Dia - Mãe e Saúde dos Enfermos 27

9º Dia - Mãe e Rainha da Paz 29

A marca FSC® é a garantia de que a madeira utilizada na fabricação do papel deste livro provém de florestas que foram gerenciadas de maneira ambientalmente correta, socialmente justa e economicamente viável.

Este livro foi composto com as famílias tipográficas Cantonia MT e impresso em papel Couchê Fosco 90g/m² pela **Gráfica Santuário.**